PHILIPPE I,

NAPOLÉON II

ET LA RÉPUBLIQUE.

PARIS. — IMPRIMERIE DE G.-A. DENTU,
rue du Colombier, n° 21.

PHILIPPE I,

NAPOLÉON II

ET LA RÉPUBLIQUE,

OU

ESSAI SUR LES CONSÉQUENCES DES GLORIEUSES
JOURNÉES DE JUILLET,

A L'OCCASION

DE LA REVUE DE LA GARDE NATIONALE DE PARIS
ET DE CELLE DE LA BANLIEUE,

ET DU CHANGEMENT DE MINISTÈRE.

PAR A.-P. DE PINCEPRÉ,

Ancien négociant, capitaine de la garde nationale.

Rien que ne veuille la raison, mais tout ce
que veut la raison, tel est aujourd'hui en résumé le bill des droits du peuple français.

A PARIS,

CHEZ LES MARCHANDS DE NOUVEAUTÉS.

1830.

LETTRE

A M. J. LAFFITTE,

SERVANT DE DÉDICACE.

Monsieur,

Permettez qu'un homme qui vous a été si long-temps attaché, et qui doit bénir doublement les glorieuses journées de juillet, puisqu'elles ont commencé à rétablir pour lui des rapports si malheureusement interrompus, ne soit pas le dernier à vous féliciter sur l'heureuse résolution qui vous a fait accepter la direction suprême des affaires de l'Etat.

Le sacrifice est grand, sans doute, et vous en avez senti toute l'étendue; mais il était digne de vous de le faire; car personne n'est plus à même d'apprécier les besoins et les intérêts de l'époque et du pays ; et en y satisfaisant avec le courage et la sagesse d'un homme qui a l'expérience de nos deux grandes révolutions et le sentiment des progrès de la raison humaine, vous sortirez avec un nom tout historique et tout populaire encore, de cette épreuve dangereuse du pouvoir, à laquelle votre patriotisme vous a fait soumettre, et qui a été l'écueil de tant d'autres.

C'est du moins l'espoir fondé et le vœu bien sincère de celui qui a l'honneur d'être, avec un profond respect,

MONSIEUR,

Votre très-humble et très-obéissant serviteur,

PINCEPRÉ.

Clignancourt (commune de Montmartre), ce 5 novembre 1830.

PHILIPPE I,

NAPOLÉON II

ET LA RÉPUBLIQUE.

***

Qu'elles doivent être douces et enivrantes pour un souverain, ces acclamations libres et spontanées, qui ont salué au Champ-de-Mars le roi-citoyen de notre belle France !

Oui, on peut le dire avec vérité à la louange de Philippe Ier, chaque garde national, chaque citoyen qui se trouvaient à cette brillante revue du 31 du mois dernier, répétaient avec notre bon La Fayette : *Voilà le Prince qu'il nous fallait; c'est la meilleure des républiques !*

Non, l'avenir, cette fois, ne trompera pa le sprésent !

Et quand la brise de novembre, sifflant vers la Calédonie, aura porté nos cris de joie dans ces vieux débris d'Holy-Rood, où les restes proscrits de la branche aînée des Bourbons ont retrouvé la terre de l'exil, de quels cruels regrets, de quels cuisans remords l'âme de Charles X ne sera-t-elle point déchirée? Ne se rappellera-t-il pas qu'à pareille époque, il y a six années, il a aussi, dans ce même Champ-de-Mars, été reçu aux acclamations générales de cette même population de Paris, toujours admirable dans son enthousiasme comme dans son bon sens, qui a pu le bénir un moment, le maudire naguère, et qui le dédaigne aujourd'hui.

Honneur et gloire à ce peuple parisien dont on a voulu, dont on voudrait en vain abaisser le triomphe, en annihilant pour ainsi dire les effets bienfaisans qui doivent en résulter, et qui en résulteront invinciblement pour la grandeur et la prospérité du pays : honneur et gloire à la civilisation et aux lumières qui ont pénétré jusqu'à lui !

Quels immenses progrès depuis 1789 ! A la suite du 10 août, la tête de l'infortuné Louis XVI tombe en place publique sous le fer du bourreau : après les mitraillades de juillet, Charles X traverse paisiblement la France au milieu d'une foule silencieuse qui, tout en détestant son crime, respecte, et peut-être plaint son aveuglement et son malheur !

Terrible exemple, ajouté à tant d'autres de la fatale influence de l'hypocrisie monacale et de la servitude des courtisans !

Heureuse France, heureux Philippe, si nous avons un roi sans cour et un clergé hors de l'Etat !

Divine Providence, Dieu qui protéges la France, vous préserverez le roi-citoyen de ce double fléau qui a perdu trois fois et sans retour les aînés des Capets : vous lui avez dit déjà que cette liberté pour laquelle a combattu un peuple si digne de l'obtenir, n'était point la liberté telle que l'entendent nos doctrinaires, et que les mânes des braves morts pour la patrie dans les

grandes journées de juillet réclamaient un tout autre
prix de leur dévouement que le système de la restauration enté sur l'empire et la révolution. Philippe a
entendu votre voix ; et déjà ceux qui s'étaient si étran-
gement trompés sur les vœux de leur patrie ont dis-
paru des conseils. Et si par leur mollesse et leurs fausses
doctrines ils ont, depuis trois mois, fait tant de mal à
la France ; s'ils n'ont pas su comprendre qu'après une
révolution nationale ne point avancer c'était reculer,
n'accusons point les intentions d'hommes honorables,
quoique si singulièrement égarés, et plaignons-les de
leur erreur.

Cette erreur, nous aimons à le croire, sera bientôt
réparée par le ministère à la tête duquel se trouve placé
le grand citoyen qui, dans les jours de danger, a servi
avec La Fayette de fanal à cette population héroïque
à laquelle nous devons la victoire et la liberté.

L'ordre public saura la conserver pure cette liberté
que la France a payée de tant de sacrifices, et dont
encore une fois elle vient de saluer l'aurore ; l'ordre
public régnera toujours dans Paris à la voix de ce ma-
gistrat dont il aurait regretté de ne pas voir le nom
dans le nouveau cabinet, s'il ne devait pas penser que
l'administration suprême de la grande cité doit être
pour Odillon Barot le plus envié de tous les ministères.

Ordre public, que ce nom figure bien sur nos drapeaux à côté de celui de la liberté ! ils l'ont respecté
d'eux-mêmes au milieu d'une révolution, au sein du
carnage, disons plus, au moment du triomphe, ces
hommes du peuple qu'on accusait naguère de vouloir
le troubler, lorsqu'une mesure plus intempestive encore

que philantropique sembla vouloir dérober aux rigueurs de la loi les grands coupables qui avaient dirigé contre eux et le fer et la foudre : aux mots *d'ordre public,* prononcé par leurs frères armés, ils se sont séparés, et depuis qu'ils ont appris que la justice n'avait point arrêté son cours, eux qu'on a frappés avec la rapidité de l'éclair, ils supportent patiemment ses funestes lenteurs. Ni le prince chéri, que la destinée avait mis en réserve pour le bonheur de la France, ni le chef révéré de la grande cité ne se sont mépris sur les sentimens qui animaient la garde citoyenne, lorsqu'elle a interposé sa masse imposante entre le palais de son Roi et une multitude justement irritée; et le cri de l'opinion, parvenu jusqu'au trône, aura appris à Philippe Ier que les vœux de la garde nationale et ceux du peuple ne font qu'un, puisqu'elle et lui sont également de la grande famille, et que c'est elle qui a subi la première l'arrêt de proscription longuement médité contre nos libertés.

En effet, que veut la garde nationale, que veut le peuple, que veut la nation? Ce n'est pas sans doute ce système fatal de la restauration continuée et modifiée tel que l'annonçait assez clairement le ministère qui vient de succomber. Arrière ce système étroit et perfide, il aurait bientôt fait perdre à la France cette grandeur réelle et cette prépondérance imposante que lui ont rendues les journées de juillet.

De même que la légitimité de droit divin, qui octroyait des droits au peuple, a fait place à la légitimité constitutionnelle, qui ne tient ses droits que de la souveraineté populaire; tout ce qui est en désaccord avec le principe de cette souveraineté doit disparaître de nos lois.

En prenant pour exemple la loi électorale, il ne s'agit plus de simples modifications à y apporter, et de baisser le cens des électeurs de 300 francs à 250 ou 200, et celui des députés de 1000 fr. à 800 fr., ainsi que le voulaient, dit-on, les doctrinaires. Si le principe de la souveraineté populaire était strictement observé, il n'est pas un garde national de France, pas un seul citoyen domicilié et imposé qui ne dût être appelé à concourir à l'élection de ses représentans; il n'est pas un seul individu jouissant des droits de citoyen français qui ne dût être admis à l'honneur de la représentation nationale, s'il y est appelé par le choix de ses concitoyens. Si tel n'est pas le vœu de tous les privilégiés de la naissance et de la fortune, tel est celui de la garde nationale et de son illustre chef, tel est le vœu de l'immense majorité des Français; et la nouvelle génération, qui s'avance si noblement sur le chemin que nous lui avons si péniblement frayé, ne restera pas à cet égard au-dessous de 91.

Il serait étrange en effet, on l'avouera, lorsqu'il y a dans les quatre-vingt-six départemens trois millions de gardes nationaux; lorsque Paris à lui seul en renferme 80,000, qu'il n'y eût pour toute la France que 80,000 électeurs. Eh quoi! cette garde nationale, dont on vante partout le courage et la sagesse, on la juge parfaite pour passer les jours et les nuits à maintenir l'ordre public, elle a, dit-on, en quelque sorte gouverné la France pendant trois mois, et on lui refuserait l'exercice du droit le plus inviolable d'un citoyen, celui de concourir à l'élection des députés de son pays.

Et ces députés, au lieu de les choisir dans la véritable élite d'une société humaine civilisée, parmi ceux qui ont le plus de patriotisme et le plus de lumières, on ne pourrait les prendre que parmi les privilégiés de la fortune qui paieraient un cens de 1000 francs. Non, cela est absurde, cela est inadmissible dans un gouvernement dont la souveraineté des peuples est la base.

Insensés que nous sommes! à genoux devant les illustres enfans de la révolution, devant ces grands hommes en tous genres qu'elle a produits, et qui dans les siècles futurs seront encore la gloire et l'orgueil de la France. Demandez-leur combien il y en avait parmi eux qui payassent mille francs d'impôt au trésor? Et n'avons-nous pas vu, il y a peu d'années, trois mille de ces petits citoyens, auxquels on refuse l'honneur des assemblées primaires, souscrire dans un de nos départemens pour compléter le cens de notre Dupont de l'Eure : disons que ce sont de bons, de dignes citoyens que ceux qui ont conservé à la représentation nationale ce député dont le noble cœur renferme en lui tous les sentimens qui animent les vrais Français, et dont les principes libéraux sont le symbole réel de tout ce que veut la France.

Les esprits stationnaires ou rétrogrades nous diront-ils que plus on obtient, plus on veut obtenir, et que si Louis XVIII ou Charles X nous avaient donné tout ce que nous tenons de la Charte nouvelle avec les lois qui doivent en former le complément, telles que nous pouvions les attendre, telles qu'elles nous étaient à peu près annoncées par les doctrinaires, nous aurions été au comble de nos vœux; tandis qu'aujourd'hui on nous gratifierait de la loi Martignac sur les départemens et les communes, améliorée de tous les amendemens que voulait alors la Chambre, et celle sur les journaux, avec réduction de moitié sur les cautionnemens, sur le timbre et sur les frais de poste, que nous ne serions pas encore contens.

Oui, sans doute, nous aurions été alors au comble de nos espérances, sinon de nos vœux; nous eussions été satisfaits, et nous ne le serions pas aujourd'hui. La raison en est simple.

Lorsqu'un mathématicien vous a fait la démonstration d'un théorême, ne vous faut-il pas admettre tous les corollaires qui en découlent?

Lorsque vous avez posé en principe que la souveraineté est dans le peuple, n'êtes-vous pas forcé également d'en accepter toutes les conséquences?

Et cette acceptation, lorsqu'il s'agit du gouvernement des Etats, n'est-elle pas une question de vie ou de mort?

La Charte de Louis XVIII était fondée sur le droit divin; et quelque absurde que fût ce dogme, il nous avait bien fallu l'accepter : quoique octroyée, elle était devenue pour nous la table de la loi; nous l'avions consacrée par nos votes dans les élections; elle avait pour nous la sanction du temps et celle des bienfaits qu'elle avait répandus sur nous; car, on ne saurait le nier sans injustice, après les revers inouis qui avaient succédé à nos jours de gloire, la Charte et la paix avaient élevé la France à un degré de prospérité financière, agricole, commerciale et industrielle, qui n'est pas le moindre phénomène parmi tous ceux qu'elle a offerts au monde depuis quarante années. Cette Charte, que nous ne regardons plus que comme une transition nécessaire entre le régime impérial et le règne de la liberté, serait encore en vigueur, si le malheureux successeur de celui qui l'avait fondée, imbu des idées d'un autre siècle et courbé sous le joug de la théocratie, n'eût pas aussi indignement transgressé la loi qu'il avait comme faite lui-même, puisqu'il avait juré de la maintenir. Les Chambres et la nation eussent alors défendu cette Charte; et notre opposition constante à nous-mêmes a toujours eu pour but de la soutenir et de nous élever contre tous ceux qui y portaient atteinte, parce que si la Charte de Louis XVIII, ainsi que tous les ouvrages qui sortent de la main des hommes, n'avait pas atteint la perfection, elle était à peu près tout ce qu'elle pouvait être pour la conservation de son principe, une fois ce principe admis; et ensuite, tous les hommes sages et amis de leur pays savent que ce n'est qu'avec une extrême circonspection qu'il faut toucher à la Constitution qui régit un Etat; et l'expérience nous a appris combien les révolutions les plus justes entraînent de maux après elles.

Aucune, sans doute, ne fut plus motivée et plus légitime que celle qui vient de précipiter du trône un Roi parjure : eh bien, outre le deuil que nous avons à porter, les pleurs que nous avons à répandre sur les victimes de nos grandes journées, que de désastres dans nos fonds, dans notre commerce, dans notre industrie dans nos finances! quelle désorganisation dans nos

administrations, dans nos tribunaux, dans nos armées !
Faisons donc en sorte que cette révolution soit la dernière ; et alors ne négligeons rien pour que nos institutions soient définitives, pour qu'elles soient conformes
à nos besoins, à nos intérêts, à l'esprit du temps. C'est le
seul moyen pour que notre gouvernement ait de la force ;
et sans force, quel est le gouvernement qui peut marcher?

Qu'y a-t-il à faire pour cela ? rien que de fort simple.

Un grand principe a été posé, celui de la souveraineté du peuple : il faut en accepter franchement toutes
les conséquences ; il faut que tout soit d'accord avec lui.

Ces conséquences, quelles sont-elles? en voici les
principales :

1° Un système d'élection pour les députés, établi
d'une manière large et populaire, et dont les assemblées
primaires soient la base. On agrandit la force d'une nation, en anoblissant tous ceux qui la composent.

Un cens modéré pour les électeurs ; point de cens
pour les éligibles, choisis en totalité dans le département où ils ont leur domicile. Augmentation du nombre des députés : la Chambre des communes est deux
fois plus nombreuse que la nôtre, et nous avons une
population double de celle de l'Angleterre.

2° A plus forte raison, l'élection populaire pour base
de la loi communale et départementale. Elargir ces
élections, en y adjoignant celle des juges de paix ; le
tribunal des familles devant être nommé par elles. La
centralité donne de la force au gouvernement, lorsqu'elle agit sur les ressorts principaux ; elle l'affaiblit,
lorsqu'elle veut étendre cette action jusque sur les plus
petits rouages.

3° L'établissement d'écoles primaires gratuites dans toutes les communes. Des prix décernés à ceux qui feront les meilleurs livres élémentaires à l'usage de ces écoles du peuple. Ne craignons point par-là de faire une foule de demi-savans, car le peuple, en général, lira peu, par la raison toute simple qu'il n'a pas beaucoup de temps à donner à la lecture ; mais le peu qu'il lira, il en sera frappé, il le retiendra bien ; et cela portera fruit, à lui d'abord, et ensuite à la société dont il fait partie.

4° La liberté de l'enseignement, sauf la juste surveillance du gouvernement sur un point qui influe aussi essentiellement sur la morale, sur le bien-être des individus, et par conséquent sur la prospérité de la nation.

Réforme radicale de l'Université et de tous les abus qui la déshonorent. Qu'on ne voie plus l'hypocrisie d'un inspecteur défendre à un homme, long-temps éprouvé dans l'enseignement, d'élever une école secondaire, parce qu'il se sera refusé à subir un examen sur le Catéchisme et sur l'Ancien et le Nouveau-Testament.

Quant à la rétribution universitaire, elle est condamnée depuis long-temps, et doit être abolie. Encourageons l'instruction, et ne l'imposons pas !

5° Le complément de la liberté de la presse, par l'affranchissement des journaux ; car lui seul donnera le complément nécessaire à l'instruction du peuple. Que la presse périodique apprenne aux habitans des campagnes que tel homme industrieux a perfectionné les instrumens aratoires ; que tel député qu'ils ont nommé a soutenu avec éloquence les droits et les intérêts de la nation; que tel Roi, qui fait son bonheur de celui de ses sujets, a été accueilli par eux avec amour et enthousiasme; que tel autre, qui faisait gémir les siens sous le poids d'un cruel esclavage, a été renversé de son trône aux cris de *vive la liberté!* que tel prêtre, qui déshonorait son sacré ministère par les vices les plus odieux, a été condamné aux galères, tandis que tel autre, qui faisait l'ornement de l'Eglise par ses vertus, a été élevé en dignité. Et comme l'habitant des campagnes, comme le peuple ne peut pas dépenser beaucoup, si vous voulez que les délassemens et les bienfaits de la presse périodique parviennent jusqu'à lui, il faut qu'ils puissent lui arriver à bon marché.

Ce n'est que sophistiquement qu'on objectera qu'une industrie ne doit pas être favorisée aux dépens d'une autre. Si la presse périodique est devenue un commerce, une industrie, c'est par le monopole que nous avons établi, en réduisant le nombre des journaux; par les entraves fiscales auxquelles nous les soumettons. Mais admettons que les journaux sont un trafic, et que ce trafic doive être imposé : nous dirons qu'il doit l'être dans une proportion infiniment modérée, car tout impôt doit être établi au profit de la société tout entière; or, ici tout ce que vous faites payer au journaliste ne l'atteint pas, et tourne entièrement au détriment du peuple. En effet, si vous le surchargez de cautionnemens exagérés, de timbres, de frais de poste, c'est le public, c'est le peuple qui en souffre, et non les entrepreneurs de journaux existans; car si vous dégrévez la presse périodique, les journalistes seront aussitôt forcés de réduire leurs prix, autrement la concurrence serait là qui saurait bien les y contraindre : mais si, au contraire, vous les surchargez, ils feront nécessairement supporter à leurs abonnés tous les frais, toutes les charges que vous leur aurez imposés; les gens aisés alors liront seuls les journaux, et le peuple s'en passera. Est-ce à cela que vous en voulez venir? Redoutez - vous qu'avec les journaux le peuple ne devienne bientôt, dans tous nos départemens, aussi éclairé qu'à Paris? Dites-nous le donc franchement; dites-nous que la loi Villèle-Peyronnet et Martignac n'est pas encore assez forte, et qu'il faudrait rétablir la censure. Mais faites bien attention aussi qu'il vous faudra en même temps abolir le principe de la souveraineté du peuple; car si le peuple est souverain, il faut qu'il puisse connaître et juger les actes qui se font en vertu de sa souveraineté déléguée.

Ah! plutôt n'oublions pas que c'est par la presse périodique que, pour sauver la liberté et la patrie, le peuple de Paris s'est dévoué à la mort dans les journées des 27, 28 et 29 juillet; que c'est par elle et par lui que nos députés patriotes ont été arrachés à la mort qui planait sur leurs têtes; que ce sont les ouvriers imprimeurs qui, dans ces grandes journées, ont engagé les premiers la lutte. N'oublions pas que, chez un peuple libre, l'esprit public est comme le feu sacré; que tant qu'il vit dans les cœurs, on ne redoute ni la tyrannie intérieure ni les menaces de l'étranger, et que c'est la presse périodique qui est le plus puissant véhicule de cet esprit public, qu'elle contribue, plus que tout le reste, à développer et à nourrir dans le peuple. Nous le répétons, donnons donc au peuple cette nourriture à bon marché; affranchissons donc la presse! Il est bien, il est beau, il est national de consacrer, par la pierre et le marbre, le souvenir des grandes journées de juillet; mais ne perdons pas en même temps de vue que le monument le plus digne d'elles est de cimenter dans nos lois le principe le plus vital de nos libertés.

6° Imposer le luxe, et rendre en général l'impôt populaire, en ne frappant pas outre mesure le peuple proprement dit, le journalier, dont les jouissances sont si limitées dans tout ce qui est de consommation pour lui, afin de dégrever le riche.

L'impôt sur le luxe n'a jamais rien rendu, disent les riches. Il ne rendra pas sans doute autant que les impôts odieux, par leur exagération et par leur mode, établis sur les boissons, sur les sels, sur les tabacs, impôts qui écrasent le peuple; mais il tendra toujours à son soulagement : et vous ne feriez payer que 500 fr. par voiture de maître, 200 fr. par cabriolet bourgeois, 100 fr. par domestique mâle, 20 fr. par chien de chasse, etc., etc., que vous auriez cependant autant de fois 500 fr., 200 fr., 100 fr. et 20 fr., qu'il y aura de voitures, de cabriolets, de laquais et de chiens de chasse; il n'y aura que les frais de recette à déduire; et les mêmes commis qui reçoivent l'impôt sur les malheureux cochers de fiacres et les cabriolets de louage pourront bien recevoir les impôts de luxe en question.

Ne retrouverait-on pas là au moins la compensation de ce que le budget perdrait à l'affranchissement des journaux?

7° Remplir le déficit que les grandes modifications à apporter dans le système des impôts indirects établiront dans nos recettes, sans trop charger la contribution foncière. Le sol doit être ménagé comme l'industrie : fecondés l'un et l'autre par une bonne administration, ce sont les deux grandes ressources de la prospérité du pays.

Tranchons plutôt à vif dans le budget, et cependant que les larges économies que nous y pouvons faire soient toutes basées sur la justice et sur l'intérêt général de la société.

Revisons toutes les pensions depuis 1814, et nous n'entendons pas par-là ces sommes de 50 à 60 francs par an accordées aux vieux soldats de la Vendée; le courage et l'infortune sont sacrés dans tous les partis, et il ne doit plus y avoir de partis en France; mais réduisons, supprimons impitoyablement tout ce qui a été donné à la faveur, et ne respectons que les droits acquis.

Dans chacune des grandes parties de l'administration de l'Etat, un ministre, des chefs de divisions, des chefs de bureaux, des commis et des agens intérieurs ou extérieurs, voilà le nécessaire; des directeurs-généraux, des administrateurs-généraux, des émolumens hors de proportion avec le travail, voilà le superflu; et il ne faut pas de superflu dans une monarchie républicaine.

Le conseil d'Etat! N'a-t-on pas démontré cent fois qu'il pouvait être réduit à un comité du contentieux?

Les secrétaires-généraux des préfectures, à quoi servent-ils, si ce n'est à faire le métier du préfet quand celui-ci veut se reposer ou aller s'amuser à Paris? Le chef des bureaux de la Préfecture, partout, excepté dans la capitale, qui fait exception, ne peut-il pas remplir les fonctions de secrétaire-général?

Que de millions à retrouver dans le budget sur ces superfluités administratives, sur ces récompenses abusives, sur les gros traitemeus, sur les cumuls et les sinécures de toute espèce dont il se trouve surchargé! Que de larmes à sécher dans le peuple tout en restant généreux et en cessant seulement d'être prodigues!

Le souverain de notre choix sera le premier à donner l'exemple de la modération, il saura se contenter d'une liste civile qui, sans rien donner au faste, sans être assez forte pour nourrir tous les valets titrés de l'ancienne cour, lui permettra cependant de soutenir le rang de chef d'un grand empire, et de montrer à toutes les infortunes qu'il est le père de la grande famille des Français. Et que si celles de ces économies, celles de ces réformes qui ne peuvent être faites qu'avec circonspection, pour qu'elles soient faites avec justice, ne portent point fruit dans le budget prochain, qu'elles soient au moins décidées pour le budget qui doit le suivre; que tous les grands principes de notre nouvel ordre social soient posés, et les propriétaires, comme les autres contribuables, supporteront alors avec patience et patriotisme une surcharge pour cette année, s'ils demeurent certains qu'elle ne sera que passagère (1).

8° L'abolition de l'hérédité de la pairie. D'abord

---

(1) Que ne peut une bonne administration, dans un pays qui offre autant de ressources que la France! A peine M. Laffitte est-il entré au ministère, et déjà son génie financier, rien que par une substitution d'impôt de quotité à l'impôt de répartition, nous présente une plus value de 25,000,000 sur les contributions personnelles et mobilières et sur celles des portes et fenêtres, sans surcharge aucune pour les contribuables.

cette hérédité est incompatible avec le principe de la souveraineté du peuple, qui n'admet que des magistratures viagères, et souffre même avec peine que l'élection soit faite directement par le chef de l'Etat sans intervention de candidature présentée par la nation. L'hérédité des pairs est également incompatible avec le bon sens; la pairie, dans l'ordre actuel des choses, n'étant réellement qu'une haute récompense donnée aux grandes illustrations du pays, et qui doit finir avec la vie de ceux qui l'ont reçue. Et que si les enfans de ceux-ci veulent l'avoir à leur tour, qu'ils imitent leurs pères et apprennent à la mériter.

On avait voulu faire de la Chambre des pairs un appui au pouvoir royal, une espèce de contrepoids à la démocratie. Charles X a pu juger combien cet appui était illusoire! On n'a pas vu que le contrepoids qu'on voulait établir était sans force, parce que l'aristocratie est aujourd'hui deplacée; il n'y en a qu'une espèce, c'est l'aristocratie de l'argent, et par la Charte de Louis XVIII, cette aristocratie était toute entière dans la seconde Chambre.

Le nom de *pair de France* n'a plus de sens depuis que nous n'avons plus les grands vassaux, les grands fiefs, enfin la grande aristocratie, et la pairie est une institution entièrement à refaire. Dans notre monarchie républicaine, le titre de *sénat* conviendrait beaucoup mieux à notre première Chambre.

Consultons-nous la morale; elle condamne mieux encore l'hérédité de la pairie, car vous ne pouvez pas avoir de pairs héréditaires sans constitution de majorats, et les majorats ne sont en définitive qu'une subsiitution déguisée contraire aux bonnes mœurs, ainsi qu'à l'équité. Combien de fois depuis que ces sortes de substitutions, si sagement abolies par la révolution, ont été rétablies, combien de fois de malheureux créanciers ont-ils été frustrés d'avances faites avec une confiance qui reposait sur des apparences bien trompeuses, puisque leur gage disparaissait avec celui à qui ils avaient fait leurs avances.

En dépit de quelques vanités blessées, arrière donc l'hérédité de la pairie.

Ne soyons pas assez injustes pour oublier ce qu'a fait de bien la Chambre des pairs en deux occasions mémorables, mais disons aussi qu'elle eût agi de même sans l'hérédité, et que le Roi et la nation tiendront compte de ces services dans la recomposition de la Chambre des pairs ou du sénat.

9° L'abolition de la noblesse! son rétablissement avec l'institution des majorats est ce que nos libéraux ont reproché avec le plus d'amertume et de raison à Napoléon Bonaparte, et il serait par trop inconséquent de vouloir le maintenir.

Lorsque dans les Gaules on appelait *duc*, le général qui commandait dans une province, *comte*, celui qui dans une cité veillait aux détails de l'administration de la justice, de la police et des finances, on pouvait avoir une idée fixe de ce qu'étaient alors et un duc et un comte. Lorsque la France fut ensuite sous l'empire des fiefs, on conçoit parfaitement encore ce que c'é-taient que les ducs, les comtes et les barons qui possé-daient en toute suzeraineté les duchés, le comtés et les baronnies. Lors du gouvernement absolu de Charles V, quand dans l'état d'abaissement où les fiefs avaient été réduits, les grands cherchèrent à entrer dans les conseils et avoir part au gouvernement, dont ils s'emparèrent entièrement sous Charles VII, on conçoit encore les titres et la noblesse, puisque sans eux on ne pouvait parvenir à rien ; on les conçoit même sous Louis XIV, quoiqu'ils ne fussent plus guère qu'une vaine parade ; mais de nos jours, que toute la force est dans la démocratie, de nos jours que la noblesse est sans consistance et sans priviléges, de nos jours qu'elle est absolument incompatible avec nos idées et le bon sens ; avec un système fondé sur la liberté et l'égalité, pourquoi ne pas faire main basse sur les titres, pourquoi rester en dessous de l'Assemblée nationale et de la fameuse séance du 19 juin 1790 ? Nos libéraux le seraient-ils moins que ne le fut alors un Montmorency ? Que la noblesse soit viagère pour les pairs ou les sénateurs, soit ; qu'on la conserve même en viager à ceux qui l'ayant à présent tiennent à cette distinction puérile, passe encore ; mais raisonnablement parlant, c'est là le *nec plus ultrà* réel ou imaginaire de l'existence de la noblesse en France.

10° Plus de monopoles, plus de priviléges ! le libre exercice de tous les états, sauf les preuves de capacité et le versement des cautionnemens pour ceux qui exigent l'une et l'autre de ces garanties, c'est-à-dire lorsque la société peut souffrir de leur non existence.

Convient-il mieux pour le bien-être général de la société que cinq cents individus exerçant un état libre y gagnent l'un dans l'autre 10,000 francs par an, ou que cent individus privilégiés dans cet état y gagnent également l'un dans l'autre 5o,ooo francs par an? Voilà toute la question?

Et cependant, comme il faut respecter tous les droits acquis, lors même qu'ils sont fondés sur un principe injuste; admettons et établissons même, soit par des retenues, soit par des cotisations annuelles et temporaires entre les nouveaux venus, un dédommagement pour les anciens possesseurs des états privilégiés; mais cependant, répétons et écrions-nous avec toute la France : « Plus de monopoles, plus de priviléges! »

11° Une loi qui définisse clairement la responsabilité des ministres et de tous les agens du pouvoir.

12° La loi sur l'application du jury aux délits de la presse et aux délits correctionnels, ainsi que celle sur l'organisation des gardes nationales, ne sont ici que pour ordre ou pour mémoire, puisqu'elles seront probablement rendues avant que cet écrit ne paraisse. Faisons seulement observer que la loi pour les conseils de discipline de la garde nationale est aussi urgente que celle relative à son organisation, car il est impossible de faire marcher long-temps l'une sans l'autre.

13° La refonte générale de toutes les lois, de toutes les ordonnances, de tous les décrets rendus depuis la révolution, l'empire et la restauration, afin de coordonner notre législation à l'esprit qui règne aujourd'hui, et au principe de nos institutions nouvelles.

Telles sont les conséquences à venir de la reconnaissance du principe que nous avons posé, le principe de la souveraineté du peuple, et sans elles le gouvernement serait sans force et sans stabilité, car l'édifice social ne serait pas construit sur ses bases. Mais, comme il faut que toutes les parties de cet édifice soient ache-vées avec le plus grand soin, il suffirait qu'après avoir voté les lois d'urgence, en finissant par la loi électorale, qui est le pignon de notre nouvel édifice, la Chambre des députés actuelle, que nous appelerons la *Chambre constituante*, fît la déclaration solennelle du bill des droits de la nation, se retirât, et allât recueillir dans une élection nouvelle le prix de son patriotisme et de son dévouement.

Que le gouvernement, que les Chambres ne se le dissimulent pas : au point où en sont les esprits en France, et lorsque le peuple seul a fait une révolution comme celle qui vient de s'opérer, il faut bien se pé-nétrer d'une chose; c'est que chez nous (et il faut es-pérer qu'il en sera bientôt ainsi dans la majeure partie de l'Europe), chacun raisonne sur les affaires, et sent que ces affaires sont les siennes; c'est que tout esca-motage politique est maintenant impossible, ou ne pourrait être de longue durée, et que sous peine d'être sifflé et peut-être écrasé, il faut aborder franchement et sans réticence aucune toutes les questions de gou-vernement.

Rien que ne veuille la raison, mais tout ce que veut la raison, tel est aujourd'hui en résumé le bill des droits du peuple français. Voilà ce qu'il peut exiger; voilà ce qu'on ne peut lui refuser; voilà ce que quel-ques jours, quelques mois, quelques années plus tôt ou plus tard, bon gré malgré, il faudra qu'il obtienne; c'est le résultat remarquable de la marche de l'opinion, des progrès des lumières et de sa seconde révolution.

Cette révolution héroïque est au-dessus de toutes les

qualifications que nous pouvons lui donner. Comme le retour de l'île d'Elbe, elle offre d'abord à l'imagination étonnée un de ces évènemens miraculeux dont la Providence semble se réserver le mystère, et cependant aux yeux de l'observateur et de la raison, son explication est aussi simple qu'elle est naturelle : une lutte tantôt sourde, tantôt apparente, mais toujours obstinée était engagée depuis quinze ans entre la nationalité et la légitimité, entre les droits du peuple et le droit divin, il fallait que tôt ou tard elle fît explosion.

Eh quoi ! malgré la marche progressive des siècles, sera-t-il donc toujours vrai de dire que l'expérience ne sert de rien à la généralité des hommes, quelque récente qu'elle puisse être, et quelque prix qu'elle ait coûté ?

Quel spectacle en effet plus étrange et plus effrayant que celui qu'a offert la maison de Bourbon depuis quarante années ! Quels exemples plus fameux des vicissitudes humaines, de la fatalité du sort et de cette persistance invincible dans les voies de l'erreur qui a entraîné dans le gouffre une race entière de Rois.

Louis XVI, honnête homme et mauvais roi pour l'époque à laquelle il régna, victime de sa faiblesse et de ses tergiversations continuelles, fruit de la foi punique de lâches courtisans, monte sur l'échafaud, où la fille de Marie-Thérèse, aussi inconséquente que belle, et la vertueuse Elisabeth ne tardent pas à le suivre : Louis XVII, martyre de sa naissance, périt misérablement dans son cachot ou dans quelque coin obscur du monde : le duc de Berri, déjà sur les marches du trône, tombe sous le fer d'un fanatique de la liberté,

qui croyait abattre en lui la tige de la monarchie absolue : Louis XVIII, après vingt-cinq ans de malheurs et
d'oubli, rétabli miraculeusement sur un trône qu'il
devait avoir perdu tout espoir d'occuper jamais, s'y
maintient, parce que seul de sa famille il sait comprendre la France et sa position, parce qu'il sent
combien sa perte est certaine, s'il cède à ses dangereux alentours, puisqu'un moment de faiblesse à cet
égard lui avait fait faire son voyage à Gand, et avait
pensé lui coûter sa couronne : Charles X, qui lui suc-
cède, n'avait pour être heureux qu'à suivre le chemin
que lui avait tracé son frère ; écoutant d'abord les
conseils que l'auteur de la Charte lui avait donnés au
lit de mort, il ouvre son règne avec éclat ; il rend à la
France la liberté de la presse ; mais bientôt, entraîné
par le funeste ascendant de l'émigration et du parti
prêtre, il recule devant le but avec une sorte de terreur ; il croit trouver son salut dans les mesures rétrogrades : à genoux devant son prie-Dieu, aux pieds de
son confesseur, d'un air contrit il se frappe de sa discipline ; et comme si la Divinité pouvait approuver le
parjure, il s'accuse devant Dieu d'avoir juré le maintien de cette loi qu'il jure aujourd'hui d'obéir : irrité
de la résistance que les élus de la nation opposent à
ses projets liberticides, il s'arme du droit divin, et fait
mitrailler Paris par sa garde superbe ; mais le peuple
indigné, semblable au torrent furieux qui, né de la
tempête, se grossit avec elle, le peuple une seconde fois
soulève sa masse indomptable, et cette garde étince-
lante d'or, hérissée de fer et armée de la foudre, recule
et tombe sous les coups redoublés d'une foule citoyenne

qui, s'armant des chants et des drapeaux de la liberté, remue et roule les pavés, brandit les fourches et les couteaux au bout des bâtons, arrache leurs fusils à ces soldats victimes de cet horrible et faux point d'honneur qui seul a pu les lancer contre leurs frères pour river leur propre esclavage.

Entre un despote et une nation la lutte une fois engagée ne saurait être ni longue ni douteuse : Charles X et les siens sont pour la troisième fois repoussés du sol de la France, et avec son règne finit à jamais celui de la branche aînée des Bourbons.

Et pour que rien ne manquât à la leçon dans cette péripétie bizarre d'un drame aussi sanglant, on peut dire que le Roi parjure, entouré d'une garde nombreuse, au milieu de toutes les forces et de toutes les pompes de la couronne, a été chassé du trône et du pays par un peuple armé de fourches et de manches à balais, et sans autres chefs que des enfans héros.

Le triomphe du peuple ayant renversé la restauration, la Charte et le trône des Bourbons, il se présentait trois partis à prendre pour le gouvernement du pays :

1° Y appeler le duc d'Orléans ;

2° Rappeler les Chambres de 1815, et proclamer Napoléon II empereur des Français ;

3ª Eriger la France en république.

LA RÉPUBLIQUE.

La révolution française, qui a traversé l'empire et la restauration, qui dure encore, quoique probablement près de son terme, et dont celle de juillet n'est qu'une phase superbe, avait déjà parcouru bien des périodes, lorsqu'elle a éclaté. Les doctrines philosophiques, qu'on a accusées de l'avoir amenée, n'ont été réellement que l'expression de cette révolution, qui était déjà faite dans les mœurs, dans les positions sociales et dans les idées ; et le seul reproche qu'on puisse faire à celles de ces doctrines qui étaient trop ardentes, c'est d'avoir trop précipité le mouvement et la pente naturelle des choses ; mais la majeure partie n'ont fait que signaler les intérêts nouveaux qui s'étaient formés par le développement successif et la généralisation des lumières. Ces intérêts n'étant et ne pouvant être défendus ni représentés par des institutions formées avant qu'ils existassent, appelaient forcément des institutions nouvelles, puisqu'ils étaient les plus forts : la création de ces nouvelles institutions, ou de modifications importantes dans les anciennes, était donc un besoin urgent qu'il fallait satisfaire.

Notre révolution est donc une chose fort simple et fort naturelle à expliquer, et l'explication des catastrophes qui en ont suivi l'explosion ne l'est pas moins. Ces catastrophes terribles furent alors, comme elles l'ont été récemment, comme elles le seront toujours, la conséquence des fautes politiques commises par le gouvernement.

Les gouvernans, en général, guidés par la routine, jugent le présent par le passé, suivent l'ornière qui leur a été transmise par leurs prédécesseurs, sans tenir compte des changemens que les siècles ou les années, qui aux époques de régénération sont des siècles, ont apportés dans la position des gouvernés; système commode, sans doute, mais qui, comme nous l'avons vu, finit par avoir ses dangers. Dans le choc des intérêts anciens et des intérêts nouveaux, ils ont une propension naturelle à donner la préférence aux premiers, dont ils sont entourés, et que le temps a consacrés, mais que le temps aussi a minés sourdement; et si la force des choses et le sentiment de leur conservation, sur lequel ils s'égarent souvent, leur arrache quelques concessions, il est trop évident qu'ils ne les font qu'à regret, et non avec cette force de prévision et de caractère qui, agissant en connaissance de cause, a l'air de donner ce qu'elle ne fait qu'accorder. Au lieu de se mettre à la tête de la révolution pour la maîtriser, ils reculent devant elle; ils ne cèdent que pour se préparer à combattre; et dans cette suite de combats entre la faiblesse et la force, entre le présent qui n'est que le passé et l'avenir qui est déjà le présent, ils finissent par perdre tout ce qu'ils voulaient préserver; ils ne voient pas qu'au lieu d'établir une lutte entre les intérêts anciens et les intérêts nouveaux, donner à ceux-ci ce qui ne peut leur être refusé est le seul moyen de conserver aux autres ce qui peut raisonnablement l'être. Autrement, un combat à mort s'engage entre ceux qui se mettent à la tête de la révolution et le gouvernement qui résiste. Celui-ci a toute l'apparence de la force; le trésor, l'armée, les administrations de toute espèce sont à sa dévotion; les autres n'ont pour eux que la raison : mais quand ils voient que la raison n'a que des armes impuissantes, ils s'appuient sur la force réelle, sur le peuple; et le peuple, qui alimente le trésor et l'armée, est toujours du parti des novateurs, et il aime le changement quand il y voit son avantage.

Mais le peuple de 1789 n'était pas celui de 1830. Courbé trop long-temps sous le joug de l'arbitraire, écrasé par les priviléges, il se vengea sur eux de tout ce qu'il avait souffert; bientôt il dépassa ceux qui l'avaient appelé à leur aide; il surgit de toutes parts des ambitions nouvelles qui s'emparèrent de ces grands mouvemens, et l'abîme s'ouvrit devant les hommes généreux qui les avaient d'abord imprimés, mais qui n'en étaient plus les maîtres. La royauté succomba avec le Roi; la république fut proclamée. On avait voulu la liberté, on n'eut qu'une licence effrénée; et le règne sanglant de la populace, de l'anarchie et de la terreur, s'éleva au nom de l'égalité. Ce règne, tout effroyable qu'il fut, ce règne ne doit être ni méconnu ni flétri par nous; car ce règne a sauvé la France, qui, au sein de nos dissensions civiles, n'eût jamais pu, si son horrible énergie ne se fût pas déployée, porter sur nos frontières envahies ces innombrables armées de la république, dont le courage immortel a seul empêché l'émigration et la coalition des Rois de faire subir à notre belle patrie le sort affreux de la malheureuse Pologne, et qui ont couvert de leur auréole de gloire toutes les taches de notre révolution.

Ainsi que tout ce qui est fondé sur la violence, le règne de la terreur ne pouvait être durable; et lorsque la France commençait à respirer par sa chute, ceux qui, après avoir participé à ses horreurs, l'avaient renversé parce qu'ils voyaient qu'à leur tour ils allaient être engloutis par lui, voulurent donner à notre république une forme régulière : de là, la Constitution de l'an III, qui, sauf un seul point, paraissait combinée de manière à assurer le repos et la prospérité de la France. Cette Constitution, où le gouvernement de la république se composait d'un pouvoir exécutif et de deux Chambres, celle des cinq-cents et celle des anciens, consacrait tous les principes admis par la raison et toutes les libertés pour lesquelles la France avait combattu : mais le pouvoir exécutif était trop faible ; on lui avait ôté toute sa force en le divisant et en restreignant trop ses attributions ; et la force du pouvoir exécutif est la première de toutes les nécessités pour la durée d'un gouvernement. Si, au lieu de diviser le pouvoir exécutif, on l'eût concentré et étendu ; si, au lieu de cinq directeurs faibles ou inhabiles, on eût mis un seul directeur ; si on eût choisi parmi les grandes illustrations de nos armées l'homme qui offrait le plus de garanties sous le rapport du patriotisme et du talent ; si, par exemple, on eût pris le général Hoche pour chef du pouvoir exécutif, il est permis de croire que la Constitution de l'an III, sous ce héros républicain, aurait poussé de profondes racines, et que la république française, grande, forte, et limitée par le Rhin, subsisterait encore pour l'exemple des peuples et la leçon des Rois.

Nous n'eussions pas vu toutes les merveilles de l'empire ; mais nous n'aurions pas eu la douleur des deux invasions : Bonaparte, comme Annibal ou Scipion, n'eût été qu'un grand général ; mais au lieu de périr misérablement sur le rocher de Sainte-Hélène, ses cendres, qu'on vient de repousser si impopulairement de la grande colonne, dormiraient glorieusement au Panthéon.

L'établissement en France d'une république n'est plus une utopie, aujourd'hui que chacun est positivement fixé sur les principes d'après lesquels on veut être gouverné, car ces principes sont absolument les mêmes, que ce soit un président, un directeur, un empereur ou un Roi qui, à la tête de l'Etat, soit chargé du pouvoir exécutif. Toute la différence consiste en ce que, dans une république, le chef du gouvernement est électif, tandis que, dans une monarchie ou un empire constitutionnel, ce chef est héréditaire; et nous avons positivement reconnu que le chef de notre gouvernement, qu'il soit électif, qu'il soit héréditaire, ne gouverne qu'en vertu de la délégation du peuple, qui est le véritable souverain.

On ne saurait nier qu'aux yeux de la raison, la république ou le système de l'élection ne dût l'emporter sur la monarchie constitutionnelle ou le système de l'hérédité, et qu'il ne soit, généralement parlant, plus naturel à une société de déléguer ses pouvoirs à un homme dont elle connaît les vertus et les talens, que de les livrer au hasard de la naissance.

Mais des souvenirs encore trop récens auraient peut-être, au nom de république, effrayé une partie de la nation; l'Europe elle-même aurait été épouvantée : et quoique nous soyons trop forts pour redouter l'Europe, dans une situation trop différente de celle de 93 pour craindre le retour des mêmes excès; quoique le peuple, qui a tant gagné depuis quarante ans sous le double rapport de l'aisance et des lumières, eût probablement donné le premier l'exemple de l'ordre et du respect aux lois, il était plus sage de céder à la nécessité, et d'arrêter l'impulsion de ce grand peuple de Paris, qui, sur les marches de l'Hôtel-de-Ville, au moment du triomphe, était près de se prononcer.

Le cri de *république* une fois échappé !.....

Prince de Jemmapes, ta présence et celle de notre La Fayette, ton patriotisme et ta paternité pouvaient seuls l'emporter sur la popularité de la république et celle de Napoléon.

NAPOLÉON II.

Napoléon Bonaparte a fait pour lui et par ambition ce que Hoche aurait fait par patriotisme et pour son pays. Tous deux étaient bien dignes de s'emparer des destins de la France, et la devise de Hoche, de ce soldat général en chef à vingt-quatre ans, et qui mourut empoisonné à vingt-neuf, après une carrière toute de gloire ; la devise de Hoche,

Des choses, et non des mots,

pouvait à plus forte raison être celle de Napoléon Bonaparte, car il faudrait réunir les faits des plus grands capitaines et ceux des plus grands hommes d'État pour trouver une vie aussi pleine de choses et de grandes choses que celle de ce génie aussi gigantesque que son destin.

Elevé sur le pavois de la victoire, Napoléon a su rassembler les vastes débris de la révolution, et en composer pour lui le premier trône de l'Europe, en faisant aussi de la France, qu'ili dolâtrait, la première nation du monde. S'emparant à son profit de l'orgueil national, il souffla partout l'esprit de conquête, et la liberté que nous avons si chèrement achetée sans l'obtenir, se vit irrésistiblement éclipser par l'orbite éclatante de sa gloire. Mais le règne de la conquête, aussi dévorant que celui de l'anarchie, ne pouvait non plus être durable ; et lorsque Napoléon en vint à anticiper sur les générations, qu'il avait mises en coupes réglées, il a dû tomber avec les dernières.

Et cependant, n'exagérons point les torts d'un grand homme qui n'a réellement eu à se reprocher qu'un acte de cruauté qu'on a exigé de lui, ne croyons pas que la guerre perpétuelle et le système continuel d'envahissement fussent dans la volonté absolue de Napoléon ; que ce soit son état d'hostilités permanentes contre l'Europe qui ait renversé ce géant ; non, il n'en avait pas le libre arbitre ; non, cet état était pour ainsi dire inévitable dans la situation des choses, et d'après l'esprit des gouvernemens. Bonaparte s'était assis sur le trône de la révolution, et en le combattant, c'était encore à la révolution que l'Europe faisait la guerre. Et, au lieu d'appauvrir la France, comme l'avait fait Louis XIV, Napoléon l'avait enrichie de tant de dépouilles conquises par ses armes ; de tant de bienfaits par son administration éclairée, par les lois qui portent son nom, par les monumens qui lui survivent, par l'ordre admirable qu'il avait fait succéder au chaos conventionnel et directorial, qu'elle, qui avait tout fait pour la liberté, adorait avec Napoléon les chaînes dorées de son esclavage, tout en versant et en déplorant le sang de ses

enfans, dont l'épuisement a été pour lui le terme fatal;
et cependant, si Napoléon est tombé du faîte des gran-
deurs, si malgré la force de son étoile et de son génie,
il a été écrasé par le destin comme la liberté l'avait été
par l'anarchie et par lui - même, c'est qu'il a méconnu
la France en asservissant ses enfans; c'est qu'il a trahi
les principes de cette révolution qui l'avait placé sur
le trône; c'est que par son joug de fer à l'étranger, par
sa dure oppression dans les pays conquis, il a soulevé
contre nous, en faveur des Rois vaincus par elle, cette
liberté dont le seul nom nous avait rendus vainqueurs,
et qui à notre tour, pouvait seule nous vaincre.

Mais enfin, sa course triomphale de l'île d'Elbe à
Paris, a prouvé combien le grand nom de Napoléon
était cher encore à la France; et lorsque la restauration,
la Charte de Louis XVIII et la royauté de droit divin
eurent été annihilées par le parjure de Charles X, les
mitraillades de juillet et la victoire du grand peuple,
la France pouvait, aussi naturellement qu'à tout autre
ordre de choses, revenir à ce qui les avait précédées; à
la déclaration de la Chambre des cent-jours, à Napoléon II, qui avait été proclamé par elle, et tenir compte
au fils de sa légitimité nationale et de l'immense renom
de son père.

Avec Napoléon II, nous adoptions nécessairement
comme base fondamentale des principes de notre gouvernement, la déclaration du 5 juillet 1815 de la Chambre des représentans, que nous venons de citer, déclaration sublime, faite en vue des baïonnettes étrangères;
véritable monument de patriotisme et de courage, que
nous croyons devoir reproduire ici, parce qu'elle est

aujourd'hui comme alors l'expression exacte de nos sentimens et de nos vœux (1).

---

(1) *Déclaration de la Chambre des représentans, adoptée par la Chambre des Pairs, le 5 juillet* 1830.

Les troupes des puissances alliées vont occuper la capitale. La Chambre des représentans n'en continuera pas moins de siéger au milieu des habitans de Paris, où la volonté expresse du peuple a appelé ses mandataires. Mais dans ces graves circonstances, la Chambre des représentans se doit à elle-même, doit à la France, à l'Europe, une déclaration de ses sentimens et de ses principes.

Elle déclare donc qu'elle fait un appel solennel à la fidélité et au patriotisme de la garde nationale parisienne, chargée du dépôt de la représentation nationale.

Elle déclare qu'elle se repose avec la plus haute confiance sur les principes de morale, d'honneur, sur la magnanimité des puissances alliées, et sur leur respect pour l'indépendance de la nation, si positivement exprimés dans leurs manifestes.

Elle déclare *que le gouvernement de la France, quelqu'en puisse être le chef, doit réunir les vœux de la nation légalement émis*, et se coordonner avec les autres gouvernemens, pour devenir un lien commun et la garantie de la paix entre la France et l'Europe.

Elle déclare *qu'un monarque ne peut offrir de garanties réelles, s'il ne jure une Constitution délibérée par la représentation nationale, et acceptée par le peuple.*

Ainsi, tout gouvernement qui n'aurait d'autres titres que des acclamations et les volontés d'un parti, ou qui serait imposé par la force ; tout gouvernement qui n'adopterait pas les couleurs nationales et ne garantirait point la liberté des citoyens, l'égalité des droits civils et politiques, *la liberté de la presse*, la liberté des cultes, le système représentatif, le libre consentement des levées d'hommes et d'impôts, *la responsabilité des ministres*, l'irrévocabilité des ventes de biens nationaux de toute origine, l'inviolabilité des propriétés, *l'abolition* de la dîme, *de la noblesse ancienne et nouvelle, héréditaire ;* de la féodalité ; l'abolition de toute confiscation des biens ; l'entier oubli des opinions et des votes politiques émis jusqu'à ce jour ; l'institution de la Légion-d'Honneur, les récompenses dues aux officiers et aux soldats, les secours dus à leurs veuves, l'institution du jury, l'inamovibilité des juges, le paiement de la dette publique, n'aurait qu'une

Avec Napoléon II comme avec la république, nous recouvrions bientôt nos limites naturelles, le Rhin, les Alpes et les Pyrénées; nous débarrassions l'Espagne et l'Italie du joug affreux sous lequel gémissent ces deux belles contrées, nous affranchissions l'Europe de la honte qui rejaillira sur elle en reconnaissant un monstre tel que Don Miguel; plus d'un peuple obtenait par nous cette liberté tant promise aux jours du danger et déniée après la victoire, mais il fallait avoir la guerre, et quoiqu'elle eût été plus glorieuse que dangereuse pour nous, la guerre est toujours un fléau.

Avec Napoléon II comme avec la république, les reprises sur les biens restitués à l'émigration, sur le fameux milliard augmentaient nos ressources, et faisaient tomber une partie des charges pesantes dont nous a grévés la restauration; mais ces mesures rétroactives, d'une exécution difficile, auraient ranimé les divisions, rallumé les haines des partis, et jeté du désordre dans les affaires de l'Etat.

Mais Napoléon II est entre les mains de l'Autriche, qui n'eût pas voulu s'en dessaisir, quoiqu'elle eût pu considérer la chose sous un point de vue avantageux

---

existence éphémère, et n'assurerait point la tranquillité de la France ni de l'Europe.

Que si les bases énoncées dans cette déclaration pouvaient être méconnues ou violées, les représentans du peuple français, s'acquittant aujourd'hui d'un devoir sacré, protestent d'avance, à la face du monde entier, contre la violence et l'usurpation. Ils confient le maintien des dispositions qu'ils proclament, à tous les bons Français, à tous les cœurs généreux, à tous les esprits éclairés, à tous les hommes jaloux de leur liberté, enfin aux générations futures.

pour elle, et qui alors ne l'était pas pour nous. Il aurait donc probablement fallu aller conquérir notre Roi. Et Napoléon II élevé sous la direction de M. de Metternich, ne l'est assurément point dans les principes qui, de nos jours, doivent guider un monarque français, s'il veut long-temps régner sur nous : n'était-il pas un peu trop tard, en outre, pour refaire avec une régence l'éducation d'un prince âgé de dix-neuf ans ?

Si donc le peuple, moins éclairé que ceux qui le dirigent, mais plus généreux dans ses impulsions et plus porté à suivre celles de ses sentimens et de son enthousiasme pour les principes de la révolution, ou pour un grand homme, qui avait élevé si haut la grande nation, eût pu être aussi facilement et plus naturellement entraîné vers Napoléon II, ou vers la république, qu'il ne l'a été vers Philippe 1er ; si la force des choses, si la raison ont décidé la question en faveur de la maison d'Orléans, si la situation personnelle et les intérêts des divers personnages qui se sont emparé de la révolution de juillet y ont peut-être autant contribué que la raison et la force des choses, il n'en reste pas moins constant que le bon sens du peuple a été aussi admirable que son courage, et que ceux-là seraient bien téméraires et bien coupables qui oseraient attenter à ses droits.

PHILIPPE I.

Louis-Philippe, duc d'Orléans, avait combattu à Jemmapes ; quoique prince, quoique du sang de la famille des Bourbons, on pouvait le regarder comme un enfant, comme un soldat de la révolution, à laquelle il avait donné des gages.

Avant de revenir en France à la suite de la restauration, avant d'épouser en Sicile une fille des Rois, il avait supporté en homme l'expérience du malheur; il s'était montré, en Suisse, digne de former ses semblables. Pendant les règnes de Louis XVIII et de Charles X, il avait adopté, autant qu'il le pouvait faire dans sa position, les principes de la liberté, puisqu'il admettait chez lui les libéraux connus pour les professer, et que Manuel, dont nous déplorons aujourd'hui si vivement la perte, Manuel était reçu dans son palais : il avait donné des garanties à l'avenir, en faisant donner aux princes ses fils une éducation publique, en les confondant avec nos enfans.

Ayant toujours montré beaucoup de simplicité dans ses goûts, dans ses habitudes, dans son caractère; étant bon époux, bon père de famille, on devait croire qu'avec d'Orléans on aurait un gouvernement paternel.

Prince du sang, il était entouré d'hommes et non de courtisans; et l'on pouvait en inférer que, Roi, les charges d'oisifs, les servitudes dorées, toutes les puériles vanités et les hochets de l'ancienne cour disparaîtraient à jamais de la nouvelle.

Avait-il conçu l'ambition de régner un jour sur la France, et cette ambition en vaut bien une autre? C'est ce qu'il serait permis de supposer, en considérant son entourage habituel depuis la restauration, qui annonçait en quelque sorte un drapeau planté là pour réunir autour de lui les Français, lorsque l'heure en serait venue : et cependant on en peut également douter, lorsqu'on réfléchit sur toutes les occasions qu'il a laissé échapper, et dont, avec un peu d'audace, il eût pu profiter pour monter sur le trône.

En tous cas, on doit regarder Philippe Ier comme un prince honnête homme et bon citoyen, qui aurait tremblé à l'idée de plonger, pour son intérêt personnel, son pays dans la guerre civile : et qu'il ait eu ou non le trône en vue, on peut dire aujourd'hui que la France a été le chercher pour l'y placer ; qu'il a plutôt paru sensible à la gloire et au bonheur de la patrie, au désir d'y étouffer les germes de discorde et d'anarchie, qu'à l'ambition de placer sur sa tête la plus belle des couronnes.

Enfin, il était là : plus que tout autre, il présentait des garanties à la tranquillité de la France, au maintien de la paix avec l'Europe, et l'on ne peut qu'applaudir au choix qu'on en a fait. Et si l'on peut seulement éprouver un regret, c'est que la force des choses n'ait pas permis de soumettre sur le champ ce choix à la sanction nationale, seule légitimation réelle des Rois dans le siècle où nous sommes ; sanction que, malgré tous les motifs puissans qui pouvaient peser dans la balance en faveur de la république ou de Napoléon II, Philippe Ier eût obtenue de la grande majorité des Français. Cette sanction, qui est déjà donnée d'intention, le sera de fait, lorsque la nouvelle loi électorale appellera la nation à élire ses représentans.

Le temps n'en peut être éloigné !

Alors nous donnerons la dernière main et le complément nécessaire à nos institutions ; alors le gouvernement et le pays formeront un faisceau indissoluble, dont le lien sera l'amour de la nation pour son prince et pour le pacte qu'ils auront un même intérêt à maintenir. Alors, solidement constitués, ne vivant plus au jour le jour, au lieu de s'occuper de noms propres et d'intérêts instantanés, on s'occupera sérieusement de la puissance intérieure et extérieure de cette France dans le sein de laquelle se trouvent tous les élémens de la force et de la grandeur : une fois réunis, ils lui donneront un tel poids dans les grands mouvemens qui agitent et agiteront long-temps encore l'Europe, qu'aucun de ces mouvemens ne pourra se décider sans sa participation ou sans son concours, disons plus, sans que sa gloire et ses intérêts en soient les premiers arbitres.

Avec un souverain tel que le nôtre, et de la fermeté dans un ministère national, nous ne pouvons qu'arriver promptement à cet heureux résultat.

Et cependant nous ne nous dissimulons pas la position de notre ministère, et nous lui tenons compte de toutes les difficultés qu'elle lui présente. Singulière position en effet ! il se trouve placé entre le pays et la Chambre des députés. S'il marche franchement avec le pays, il n'a pas la majorité dans la Chambre ; s'il marche avec la majorité de la Chambre, il a contre lui le pays.

Or, dans un gouvernement représentatif, un ministère ne peut pas marcher lorsqu'il n'a pas la majorité dans les Chambres. Oui ; mais cela suppose aussi que la Chambre des députés est l'émanation et l'expression libre de l'opinion du pays.

Eh quoi ! nous dira-t-on, cette glorieuse Chambre

des deux cent vingt-un, dont la fameuse adresse, en bravant une prérogative royale qui voulait détruire nos libertés, a décidé les glorieuses journées de juillet, vous oseriez décider qu'elle n'est pas l'expression de l'opinion et des vœux du pays!

Non, sans doute, elle ne l'est pas; et la raison en est simple.

Nommée en vertu de lois faites sous l'empire d'une Charte royale octroyée et fondée sur la légitimité de droit divin, il aurait été par trop miraculeux qu'elle se trouvât être l'expression de l'opinion sous une Constitution dont la souveraineté du peuple est la base.

Honneur soit rendu à cette Chambre pour avoir proclamé la souveraineté du peuple, en imposant en son nom une Constitution au monarque! Personne ne lui conteste le droit qu'elle s'est arrogé; mais maintenant il faut qu'elle obéisse au principe qu'elle-même a posé, et qu'après avoir voté les lois urgentes et la nouvelle loi électorale basée sur ce principe, elle aille, dans les nouveaux colléges électoraux, se soumettre à la réélection.

Cette Chambre, composée en général d'hommes éclairés, d'hommes probes et de bons citoyens, ne peut se dissimuler qu'elle ne soit essentiellement provisoire, que sa composition ne soit aussi bizarre qu'hétérogène, qu'elle ne soit infectée d'un vice radical, celui du double vote; enfin, qu'elle n'ait été nommée toute entière par des électeurs privilégiés, au lieu d'avoir été choisie, comme elle doit l'être maintenant, par les élus du peuple.

Que le ministère fasse à cet égard, et sur toutes les

conséquences du principe fondamental de notre gouvernement, une profession de foi ferme et sincère, et il amènera la Chambre à jouer le seul rôle où il y ait de l'honneur à recueillir pour elle ; il la tirera de ce rêve d'une continuation de la restauration, dans lequel il semble qu'elle s'endort depuis trois mois ; il la sortira de cette ornière étroite que le dernier ministère a si déplorablement avoué lui avoir frayée. Alors le ministère actuel aura bien mérité du souverain et du pays.

Ils en sont dignes les hommes qui composent le ministère ; ils sont dignes également de l'impulsion d'énergie qu'il leur donnera, ces députés qui n'ont d'autre tort que de se méprendre sur la route qu'ils ont à suivre ; erreur dans laquelle ils persistent pour ainsi dire malgré eux, parce que, pénétrés de la bonté de leurs intentions, ils ne peuvent se mettre dans l'idée qu'émanés du droit divin, du privilége, des lois Villèle, Peyronnet et Martignac, ils suivent involontairement les vieux erremens d'un principe qu'ils ont eux-mêmes renversé.

Débarrassons-nous vîte de ces vieux erremens ; et si nous voulons nous donner la peine de jeter un regard en arrière, nous nous convaincrons bientôt que nous sommes pour cela dans une position merveilleuse. En effet, si nous nous reportons à la déclaration de la Chambre des représentans, dont nous avons donné le texte, elle consacre bien tous les principes que nous avons posés, tout ce que nous demandons aujourd'hui, tout ce que demande la France. Ce n'est pas le président du conseil ; ce n'est pas M. Laffitte, sans doute, qui contestera les principes contenus dans cette déclaration ; ce n'est pas non plus le vénérable M. Dupont de l'Eure, ce véritable élu du peuple, qui, l'un des présidens de cette Chambre des représentans, s'est toujours tenu sur le péristile de ce temple de la liberté, dont l'entrée est si difficile ; ce ne sera aucun des membres d'un ministère qu'on peut regarder comme une véritable émanation de la révolution et de l'empire. Ce ne peut être la Chambre des pairs ; car si son institution a besoin d'être réformée pour devenir nationale, ne renferme-t-elle pas tous les membres qui dans ces jours néfastes où la Chambre élective s'était égarée dans sa marche, parce qu'elle avait été faussée dans ses élémens, ont sauvé la Charte et bien mérité de la France ? Ce sera encore moins la Chambre constituante, la Chambre des députés ; car outre l'appréciation individuelle du caractère de la plupart des honorables membres qui la composent, et qui n'ont besoin que d'un nouveau mandat, d'un mandat conforme au principe de notre Charte nouvelle, pour marcher d'accord avec ce principe, cette Chambre ne vient-elle pas récemment de consacrer collectivement, par la nomination de M. Dupin l'aîné en qualité de l'un de ses présidens, les principes renfermés dans la déclaration de la Chambre des représentans, et par conséquent ceux dont nous demandons aujourd'hui l'application ?

En effet, notre mémoire ne nous trompait pas : nous venons de relire cette fameuse séance du 5 juillet 1815 de la Chambre des cent jours ; nous y voyons qu'à la suite de la déclaration que nous avons reproduite, page 33, et qui mérite, sous tous les rapports, de fixer l'attention du peuple français et celle de nos hommes d'Etat; nous y voyons, disons-nous, ce qui suit:

Des acclamations unanimes et spontanées se manifestent à plusieurs reprises dans l'assemblée.

On demande de tous côtés une seconde lecture.

La seconde lecture terminée, les représentans, tout à la fois pénétrés des dangers qui menacent la France, électrisés par l'amour de la patrie, ravis de reconnaître, à l'unanimité de la généreuse résolution qu'ils viennent de prendre, que la liberté et l'indépendance nationales vont être dignement défendues, cèdent au noble élan qui les entraîne, se tendent mutuellement les bras, se pressent avec émotion, et répètent avec transport les cris de vive la nation! vive la liberté! vive l'indépendance!

Plusieurs membres se présentent à la tribune.
M. Dupin s'écrie avec émotion:

« *Messieurs, je demande que par exception à la loi,*
« *si sagement consacrée d'ailleurs, le procès-verbal*
« *constate que la résolution a été prise à l'unanimité.*
« *Je demande aussi qu'elle soit adressée à la Cham-*
« *bre des pairs et à la commission de gouvernement.*
« *Il ne suffit pas que nous soyons tous d'accord entre*
« *nous, il faut encore que tout ce qui exerce en*
« *France une autorité légitime, se prononce et se dé-*
« *clare; il faut que tous les honnêtes gens de l'em-*
« *pire, que tous les honnêtes gens de l'Europe voient*
« *évidemment que nous ne réclamons que des droits*
« *justes et incontestables, et que la nation française*
« *soit aussi honorée qu'elle est en effet honorable.* »

Personne ne nous contestera, après avoir lu ce qui précède, que la Chambre qui vient de nommer pour l'un de ses présidens un député qui a fait une profession aussi solennelle, n'ait consacré par là son adhésion aux principes contenus dans cette profession de foi.

Il s'ensuit naturellement que la Chambre constituante doit coordonner les lois de telle sorte qu'elles consacrent l'abolition de tous les priviléges, de la noblesse ancienne et nouvelle, héréditaire, des majorats, et par conséquent de l'hérédité de la pairie ; la liberté de la presse, celle des cultes, celle de l'enseignement, etc., etc. ; enfin, la souveraineté du peuple dans la confection de la loi électorale, en l'admettant à concourir au choix de ses représentans, en rétablissant les deux degrés d'élection, c'est-à-dire les assemblées primaires et les assemblées électorales, en n'exigeant aucun cens pour les députés, et en fixant alors une indemnité de voyage et de séjour pour les représentans de la nation, ainsi que l'avait fait la Chambre des cent jours.

Et toutes les conséquences du principe de la souveraineté du peuple une fois bien établies dans nos lois, il faut, nous le répétons, qu'elle y obéisse elle-même, en se soumettant à une nouvelle élection.

Voilà le point où le ministère doit amener la Chambre des députés ; et avec une marche franche et de l'énergie, cela ne nous paraît point impossible, car la plupart de ses membres ont trop de sens pour ne pas voir qu'entre elle et le pays, le choix d'un ministère national ne pourrait être douteux.

Quelque puisse être la pureté de nos intentions, et quoique nous n'ayons fait réellement qu'une pétition de principes bien franche et bien nationale, notre austère langage ne sera pas du goût de quelques privilégiés, car il en est depuis 1789 qui ont remplacé les anciens, et quoiqu'ils soient de fraiche date, ils ne sont pas moins tenaces que les autres; il en est donc quelques-uns qui s'écrieront : A la démagogie! à l'anarchie!

Qui en veut aujourd'hui de la démagogie et de l'anarchie?

Ce n'est pas cette garde nationale dont nous nous enorgueillissons de faire partie : ce ne sont certes point les patriotes, mais bien plutôt ceux qui voudraient nous faire retomber par elles sous le régime auquel le peuple parisien, le peuple français, les journées de juillet nous ont fait échapper.

Ce n'est pas nous sans doute qui voudrions de la démagogie et de l'anarchie, nous dont les pères naturels et d'adoption et la majeure partie de la nombreuse famille étaient plongés dans les cachots de 93 (1),

---

(1) Arnoult-Henri de Pincepré, père de l'auteur de cet écrit, gentilhomme picard, capitaine de cavalerie au régiment de Wurmser, major de la garde nationale de Paris sous La Fayette, premier secrétaire de légation à Hambourg en 1792, fut emprisonné en 1793, et devait être jugé, c'est-à-dire guillotiné le 12 thermidor, lorsque la chute de Robespierre le fit mettre en liberté. Il ne survécut pas long-temps à sa sortie de l'horrible cachot des Madelonettes.

Louis-Grégoire Lehoc (oncle de l'auteur), condisciple de Chamfort et de Laharpe, l'un des hommes les plus renommés alors pour les grâces de son esprit, l'un des Français les plus honorés pour leur patriotisme et leur talent. Premier commis de la marine, il fit le fameux cartel d'échange après la guerre avec les Anglais ; et tels étaient les services qu'il rendit à cette époque, que Lehoc, à vingt-quatre ans, obtint du Roi une pension de 6000 fr. , et de 800 fr. pour chacune de ses quatre filles.

Parti avec M. de Choiseuil-Gouffier son ami, en qualité de premier secrétaire d'ambassade à Constantinople, il fut rappelé par M. de Calonne pour les travaux préparatoires de l'Assemblée des notables. Il fut ensuite

tandis que l'autre partie défendait le pays et marchait
à l'illustration et à la gloire avec les valeureuses pha-
langes que la révolution avait enfantées (1); nous qui,

---

intendant des finances dn duc d'Orléans, et commandant de bataillon de
la section des Piques.

Nommé par Louis XVI, en 1792, son ministre plénipotentiaire près les
villes anséatiques, et ayant fait soulever par ses émissaires la nombreuse
garnison de Berlin, qu'il empêcha ainsi de rejoindre l'armée qui marchait
contre la France, le roi de Prusse demanda son renvoi de Hambourg ; et
à son retour à Paris, Lehoc, en 1793, fut jeté en prison, accusé d'avoir
fait au Roi un Mémoire tendant à perpétuer la tyrannie en France, si Capet
eût suivi les conseils qui y étaient renfermés. Notons que la publication de
ce Mémoire (trouvé dans l'armoire de fer) avait empêché M. Lehoc d'être
nommé par le Roi ministre de la marine.

Un an environ après sa sortie le prison, M. Lehoc fut envoyé par le
comité de salut public, comme ambassadeur de la république française, à
Stockholm, où il emmena l'auteur, qui, ayant perdu son père, était de-
venu l'enfant de son adoption.

De retour en France, M. Lehoc se retira dans sa terre de Bains, et fut
long-temps président du conseil-général du département de l'Oise, où, se
rappelant les brillans essais litteraires de sa jeunesse, et profitant des loi-
sirs de la retraite, il fit la tragédie de *Pyrrhus*, représentée avec succès au
Théâtre-Français, jugée digne de concourir pour les prix décennaux, et
regardée avec raison comme un des bons ouvrages de l'époque. M. Lehoc
mourut à Paris en octobre 1810.

La plupart des parens de l'auteur furent également victimes du règne de
la terreur ; et il n'est pas jusqu'à sa grand'mère, femme octogénaire, veuve
de M. Ambroise de Pincepré, commandant de bataillon et lieutenant de
Roi de la citadelle d'Amiens, qui ne fût jetée en prison.

M. le baron Amiot, son oncle maternel, retiré dans sa belle terre de
Franconville-sous-Bois, échappa seul par miracle à cette proscription.

(1) MM. de Maucune, ses cousins-germains, n'en furent pas non plus at-
teints, mais ils étaient fort jeunes, et avaient suivi la carrière des armes.

Tcus deux ont successivement gagné tous leurs grades sur les champs de
bataille et à la pointe de leur épée. Ils ont fait toutes les campagnes de la
révolution et de l'empire.

L'aîné, lieutenant-général, baron de l'empire, commandeur des ordres
de l'empire et du royaume, est mort à Paris il y a quelques années. C'est
de lui que son camarade, l'éloquent général Foy, a dit, en faisant l'oraison

portés de cœur et de conviction pour une Constitution
républicaine avec un chef héréditaire, n'avons cependant cessé de défendre dans nos écrits cette Charte de
Louis XVIII sur laquelle nous étions loin de croire que
nous faisions entendre le chant du cygne, lorsque nous
disions à Charles X , peu de semaines avant la miraculeuse révolution de juillet :

« Et vous, dont l'antique famille est si glorieusement
« assise depuis tant d'années sur le trône des Clovis,
« des Charlemagne et des Capet; vous qui, en deve-
« nant l'oint du Seigneur, avez, au nom de celui qui
« règne sur les Rois, juré sur les saints Evangiles d'ob-
« server et de défendre nos institutions, ces institu-
« tions par lesquelles Louis XVIII, d'éternelle mé-
« moire, a rajeuni la vieille France en l'unissant à la
« nouvelle ; vous repousserez loin de vous quiconque y
« voudrait porter une main sacrilége : inébranlable sur
« le maintien de tout ce que la Charte a consacré, vous
« montrerez à tous que vous voulez faire respecter les
« droits de la nation comme les droits de la couronne.

« Et la postérité dira de vous :

---

funèbre de son frère d'armes : « Enfin, on peut dire de Maucune, qui était
« surnommé le brave parmi les braves, que, quoiqu'il soit mort dans son
« lit, il est mort encore au champ d'honneur, puisqu'il a péri par suite
« des glorieuses blessures qu'il avait reçues en combattant nos ennemis. »

Le maréchal-de-camp baron de Maucune, son cadet, vit encore, et jouit
en paix, au sein de sa famille, de sa fortune patrimoniale et de celle que
ses travaux lui ont acquise dans sa longue et honorable carrière.

L'auteur ne croit pas avoir besoin d'apologie pour cette digression personnelle, dans laquelle il n'a eu d'autre but que de se présenter devant
le public avec quelques titres de plus à une confiance qu'il fonde principalement sur la pureté de ses principes comme de ses intentions.

« Charles X a acquis autant de gloire à maintenir l'é-
« difice de nos libertés, que son frère en eut a l'élever,
« car par-là, il a assuré à jamais le bonheur de la
« France. »

Voilà ce que nous disions en juin 1830! et ce n'était certes point là de l'anarchie ou de la démagogie. Ce n'était point une prédiction que nous faisions, c'était un dernier vœu que nous émettions avec bien peu d'espoir alors de le voir se réaliser; c'était, comme aujourd'hui, une exhortation que nous faisions au Prince, au gouvernement, aux Chambres, d'épouser les vrais intérêts du trône et de la patrie; d'écarter l'esprit d'intrigue et de coterie, le faux orgueil, et surtout ce vil égoïsme, ennemi de tous les sentimens nobles et généreux, enfant de tous les priviléges, tant de ceux vieillis par le temps, que de ceux nés d'hier, et qui plus que les autres peut-être voudraient tendre à se perpétuer.

Oui, nos principes ont toujours été les mêmes, ils sont aujourd'hui ce qu'ils étaient en juin dernier, ce qu'ils étaient en 1824, quand nous avons combattu le ministère Villèle et les dangereux abus des emprunts; nous n'étions alors pas plus partisans de la légitimité du droit divin, des majorats et des priviléges que nous ne le sommes à présent, mais nous savions par expérience ce que coûtent aux peuples les révolutions; mais nous étions loin d'imaginer que la perfidie et l'imprudence du malheureux Charles X, ou plutôt de la camarilla temporelle et spirituelle dont il était le jouet, pussent le conduire à de pareils excès; mais ayant suivi avec un esprit d'observation toutes les phases politiques sous lesquelles l'orbite de la France est apparue depuis

1789 ; placé quoiqu'inaperçu au milieu de ceux qui, dans un sens ou dans un autre, ont joué un rôle dans ses révolutions si diverses, nous avons vu que dans ces tourmentes de la société, trop souvent la médiocrité usurpait la place du talent, l'impertinence celle de la modestie, le charlatanisme celle du savoir, la folie celle de la raison, l'intrigue celle du patriotisme, l'hypocrisie celle de la vertu : nous avons vu que ces grands bouleversemens, où un ordre de choses est renversé pour en établir un nouveau, ne s'opéraient jamais sans entraîner de grands malheurs, sans entasser victimes sur victimes. Après les terribles exemples de notre première révolution, nous reculions avec terreur devant celle qui se préparait, et il a fallu que les choses aient été poussées à l'excès pour que des hommes plus sages, plus modérés, mais moins fermes que nous dans leurs principes, puisqu'ils reculent devant leur propre ouvrage, puisqu'au lieu d'animer les départemens par le feu du patriotisme, ils semblent avoir pris à tâche d'en rallentir, d'en étouffer l'élan en les terrifiant par des craintes imaginaires, au lieu de les élever par le spectacle européen de notre nouvelle grandeur, pour que ces hommes, disons-nous, se soient mis en avant pour la précipiter.

Enfin elle a éclaté cette mémorable révolution de juillet ; elle était juste, elle a été spontanée, et le peuple s'y est montré grand, héroïque, admirable ! Un pareil peuple mérite bien que ceux dont il a sauvé les têtes proscrites s'occupent un peu de lui, s'emploient à améliorer son sort.

C'est pénétré de cette pensée, c'est pénétré de l'idée

qu'un peuple gagne en considération tout ce qu'on accorde à sa dignité, que nous avons rapidement tracé cet opuscule politique. Nous, qu'une petite fraction de ce peuple a appelé à l'honneur de nous mettre à sa tête lorsque le canon grondait dans Paris, nous qui n'y avons reconnu que des citoyens amis de l'ordre et de la liberté, nous avons regardé comme un devoir de consacrer notre plume à la défense de ses droits méconnus. Nous avons cru, en remplissant ce devoir, payer aussi une dette à notre pays.

Les temps sont arrivés où il faut aborder franchement toutes les questions, où il faut que chaque citoyen, qui prétend à servir sa patrie, fasse sa profession de foi. sans restriction et sans arrière-pensée.

Nous avons vu deux révolutions, tâchons de n'en pas voir une troisième.

Lors de l'avènement du ministère Polignac, on demandait à un de nos amis, franc patriote, homme d'esprit et de talent, comment tout cela finirait.

Comment cela finira ? répondit-il ; eh parbleu ! *Allons enfâns de la patrie !*

Faisons en sorte que dans six mois on ne nous fasse pas la même question, et que nous n'ayons pas à répondre, avec le nouveau refrain populaire de Casimir Delavigne : *En avant marchons !*

Pour l'éviter, il n'y a, selon nous, qu'un moyen ; c'est de populariser nos institutions et nos lois ; c'est, nous le répétons, de les mettre en accord parfait avec les intérêts, les besoins et l'esprit de l'époque actuelle, c'est qu'elles n'expriment rien de plus que ne veut la raison, mais qu'elles nous donnent tout ce que la raison veut.

C'est au monarque citoyen adopté par la nation, qui vient de lui faire entendre ses acclamations unanimes d'amour et de respect; c'est au ministere nouveau, qui jouit de notre confiance et de notre estime; c'est à cette nouvelle assemblée constituante, qui n'est pas coupable des élémens hétérogènes dont elle est composée, et qui doit mettre tout son orgueil et toute sa gloire à reconquérir sa popularité, en redevenant toute nationale; c'est à la chambre des pairs, illustre faisceau de tant de gloires diverses, que nous adressons tous nos vœux, et que nous supplions de les peser et de les épurerdans leur patriotisme et dans leur sagesse.

Et si, comme nous le pensons, ils pouvait n'être pas puéril, lorsqu'on a à s'occuper de choses aussi sérieuses, de s'occuper aussi d'un titre ou d'un mot, nous émettrions encore un vœu. Expliquons notre pensée.

Une monarchie telle que la nôtre, dans laquelle la souveraineté du peuple est consacrée, est une véritable république avec un chef héréditaire; mais si, de même que le nom de *Croquemitaine* inspire la terreur aux enfans, le nom de *république* effraye les cabinets des rois et effarouche quelques oreilles de notre double aristocratie, donnons cependant à notre Philippe un titre moins anti-populaire que celui porté par deux rois qui ont tiré sur le peuple, et si, dans l'élan de nos cœurs, nous ne sommes jugés ni assez mûrs ni assez forts pour nous écrier : Vive Philippe Ier, empereur de la république française! écrions-nous, en reprenant le nom du grand empire: Vive Philippe Ier, empereur des Français!

FIN.